BEI GRIN MACHT SICH IHR WISSEN BEZAHLT

Norbert Elias und seine Position im Spannungsfeld Natur/Kultur. Elias' Zivilisationsbegriff in "Über den Prozeß der Zivilisation"

Martin Fischer

Bibliografische Information der Deutschen Nationalbibliothek:

Die Deutsche Nationalbibliothek verzeichnet diese Publikation in der Deutschen Nationalbibliografie; detaillierte bibliografische Daten sind im Internet über http://dnb.d-nb.de abrufbar.

ISBN: 9783346381750
Dieses Buch ist auch als E-Book erhältlich.

Druck und Bindung: Books on Demand GmbH, Norderstedt Germany
Gedruckt auf säurefreiem Papier aus verantwortungsvollen Quellen

Das vorliegende Werk wurde sorgfältig erarbeitet. Dennoch übernehmen Autoren und Verlag für die Richtigkeit von Angaben, Hinweisen, Links und Ratschlägen sowie eventuelle Druckfehler keine Haftung.

Das Buch bei GRIN: https://www.grin.com/document/999663

Westfälische Wilhelms-Universität

Wintersemester 2019/2020

Referatsausarbeitung

Seminar: Einführung in Kulturtheorien

Norbert Elias und seine Position im Spannungsfeld Natur/Kultur

von Martin Fischer

Inhaltsverzeichnis

1. Einleitung

Als eines der prototypischen Charakteristika der menschlichen Wahrnehmung im Allgemeinen lässt sich das Aufteilen der zu erfassenden Welt in begriffliche Kategorien bezeichnen (vgl. Jäkel/Meyer 2013: 308f.). Die naheliegendste Art der Kategorisierung des jeweiligen untersuchten Teils der Realität ist es offensichtlich, zwei Begriffe zu haben, die sich in ihren Eigenschaften gegenüber stehen, kurzum: eine Dichotomie bzw. ein Dualismus (vgl. Apel 2019: 61f.). Unter Umständen besteht gar die Möglichkeit, den Begriffen entgegen vorheriger Annahmen Gemeinsamkeiten zuzuschreiben, um sie so miteinander in Einklang bringen zu können (vgl. Schützeichel 2017: 9ff.). Von all diesen Begriffspaaren einer schier unendlichen Liste wie Subjekt/Objekt, Körper/Geist, Individuum/Gesellschaft ist das der Natur/Kultur ein für die Kultur- und Sozialwissenschaften paradigmatisches Beispiel, da es nicht nur die Trennung der Untersuchungsbereiche der Natur- bzw. Kulturwissenschaften legitimiert, sondern darüber hinaus eine Jahrhunderte lange Geschichte vorzuweisen hat, in welcher sich wiederum verschiedene Anpassungen bzw. Wandlungen der Begriffe ausmachen lassen und es insgesamt betrachtet immer in einem Machtdiskurs zu verorten ist (vgl. Hauser-Schäublin 2001). Ähnlich komplex ist das Verhältnis etwaiger Sozialwissenschaftler*innen zu diesem Begriffspaar, da sich die Positionierung in jenem Diskurs konstitutiv auf das jeweilige Schaffen auswirkt; unabhängig davon, ob die persönlichen Ansichten dazu explizit erörtert werden oder nicht. Dementsprechend stellt dies eine interessante Analyseperspektive dar, aus der sich sozialwissenschaftliche Ausarbeitungen betrachten und kommentieren lassen. Exemplarisch wird dies in der vorliegenden Arbeit am Werk von Norbert Elias vollzogen. Sein Hauptwerk „Über den Prozeß der Zivilisation" gilt aufgrund der empirisch und historistisch angelegten Methodologie als eine der wichtigsten[1] und am meisten rezipierten soziologischen Arbeiten (vgl. Treibel 2008: 11). Elias' Definition des Zivilisationsbegriffes findet darüber hinaus in Abgrenzung zum Begriff Kultur statt, sodass dies einen überaus geeigneten Ausgangspunkt für die gewünschte Untersuchung darstellt.

Zunächst folgt nach einer knappen Darlegung relevanter biografischer Angaben eine Analyse der Verwendung des Zivilisationsbegriffes im ersten Teil von Elias' Hauptwerk

---

[1] Beim World Congress of Sociology 1998 in Montreal wurde es von den Mitgliedern der International Sociological Association auf Platz 7 der wichtigsten soziologischen Werke des 20. Jahrhunderts gewählt (vgl. https://www.isa-sociology.org/en/about-isa/history-of-isa/books-of-the-xx-century, Zugriff: 11.12.2019)

1

„Über den Prozeß der Zivilisation" und eine anschließende Untersuchung darüber, wie sich Elias bezüglich der Einbettung in den Natur-Kultur-Diskurs im weiteren Verlauf seiner wissenschaftlichen Laufbahn positioniert hat, bevor mit einem Fazit und damit zusammenhängender Zukunftsaussicht abgeschlossen wird.

2. Biografische Angaben

Eine der Besonderheiten der Sozial- und Kulturwissenschaften besteht zweifellos darin, dass die persönlichen Umstände der jeweiligen Autor*innen einen größeren Einfluss auf deren wissenschaftliche Arbeiten haben als beispielsweise in den Naturwissenschaften, weswegen es unabdinglich ist, zumindest einige biografische Stationen Norbert Elias' zu erwähnen, um so eine stärker reflektierte Position gegenüber der darauffolgenden Analyse der relevanten Begriffe einnehmen zu können. Insbesondere bei Norbert Elias lässt sich im Rückblick auf sein Schaffen erkennen, wie sich die Konzepte Stück für Stück in den jeweiligen Texten entfalten bzw. wie sich seine Verwendung mancher Begriffe änderte, was sich damit erklären lässt, dass er selbst ja ebenfalls Teil des Zivilisationsprozesses ist (vgl. ebd.: 22, 42f.). Ob sich bezogen auf Elias' Verortung im Natur/Kultur-Diskurs eine etwaige Veränderung beispielsweise von frühen zu späten Veröffentlichungen hin beobachten lässt, gilt als ausgeschriebenes Ziel der Analyse in den darauffolgenden Kapiteln.

Norbert Elias wurde am 22. Juni 1897 in Breslau, Polen, als Sohn eines wohlhabenden Textil-Kaufmanns geboren (vgl. Korte 2013: 85) und ist am 1. August 1990 in Amsterdam verstorben (vgl. Treibel 2008: 9). Den ersten Weltkrieg erlebte Elias unter anderem anhand des erbarmungslosen Grabenkrieges bei der Schlacht an der Somme, bevor er diese nach einem Zusammenbruch und anschließend festgestellter Felddienstunfähigkeit verlassen und als Sanitätssoldat nach Breslau zurückkehren konnte (vgl. Korte 2013: 93). Zusammenfassend lässt sich sagen, dass Elias trotz dieser potentiell traumatischen Erlebnisse „nicht nur physisch unversehrt [blieb], sondern auch psychisch" (ebd.: 94) sowie „eine besondere Fähigkeit zur Selbstdisziplin" (ebd.) entwickelte. In der Zeit zwischen den Weltkriegen studierte Elias Philosophie, was darin mündete, dass er gegen Ende der 1920er Jahre Habilitand bei Alfred Weber in Heidelberg war und anschließend bis 1933 Assistent bei Karl Mannheim in Frankfurt (vgl. Treibel 2008: 9). Nach der Machtübernahme Hitlers emigrierte Elias als gebürtiger Jude zunächst über die Schweiz nach Paris und letztendlich 1935 nach England (vgl. Korte 2013: 174; vgl. Treibel 2008: 9). Trotz der widrigen Umstände arbeitete er weiterhin unerlässlich, „um

2

nicht den Anschluss zu verlieren und die Universitätskarriere demnächst fortsetzen zu können" (Korte 2013: 175). In dieser Zeit entstand sein Hauptwerk „Über den Prozeß der Zivilisation", das zwar im Jahr 1937 erstmalig gedruckt wurde (vgl. ebd.: 15), dessen weitreichende Rezeption allerdings bis zu einer Veröffentlichung einer Taschenbuchausgabe im Jahr 1976 ausblieb (vgl. ebd.: 30f.). Generell lässt sich festhalten, dass Elias' akademische Karriere trotz seines unermüdlichen Eifers erst sehr spät Früchte zeigte: seine erste Dozentenstelle trat er im Jahr 1954 an der Universität Leicester an, im stattlichen Alter von 57 Jahren (Treibel 2008: 9). Die Anerkennung setzte in den folgenden Jahren seines Lebens begleitet von einigen weiteren Meilensteinen ein: zum einen ragt der erwähnte Erfolg der Taschenbuchausgabe von „Über den Prozeß" heraus und zum anderen die Verleihung mehrerer Preise, zum Beispiel die Vergabe des Adorno-Preises für Elias' Lebenswerk im Jahr 1977 (vgl. ebd.: 10). Nach dem Durchlaufen einiger weiterer akademischer Stationen ließ sich Elias Mitte der 1980er Jahre bis zu seinem Tod in Amsterdam nieder (ebd.). Trotz seines vergleichsweise hohen Alters arbeitete Elias in den vorangegangen Jahrzehnten kontinuierlich weiter, sodass im letzten Jahrzehnt seines Lebens viele Schriften erschienen, „die bis dahin zwar weitgehend niedergeschrieben, jedoch noch nicht publikationsreif waren" (Treibel et al. 2000: 9).

3. Norbert Elias' „Über den Prozeß der Zivilisation"

3.1. Zivilisationsbegriff in „Über den Prozeß der Zivilisation"

In „Über den Prozeß der Zivilisation. Soziogenetische und psychogenetische Untersuchungen" (kurz ÜdPdZ) untersuchte Elias, wie sich das Verhalten der Menschen in Westeuropa innerhalb der letzten Jahrhunderte gewandelt hat und stellt infolgedessen eine eigene Zivilisationstheorie auf. Letzteres ist der Fokus des zweiten Bandes des Werkes (Elias 1997c), für die vorliegende Arbeit ist hingegen zuvörderst der erste Teil relevant, der sich im Wesentlichen mit der Veränderung des Verhaltens beschäftigt. Wie der Titel verrät, analysiert Elias dieses zum einen aus einer psychologischen bzw. mikrosoziologischen Perspektive und zum anderen wird dies in Einklang mit makrosoziologischen Veränderungen in den beobachteten Gesellschaften bzw. Nationen wie Frankreich und Deutschland gebracht.

Eine von Elias' Grundannahmen ist, dass sich bei den Menschen des europäischen Adels die „Affekt- und Kontrollstrukturen" (Elias 1997b: 9) im Laufe der Jahrhunderte

3

zunehmend dahingehend änderten, dass sich ein stärkerer Drang zum Selbstzwang bemerkbar machte, sie dementsprechend *zivilisierter* wurden. Tätigkeiten wie beispielsweise das Spucken am Esstisch (vgl. ebd.: 300ff.) oder das Essen aus derselben Schüssel von mehreren Personen (vgl. ebd.: 246f.) wurden als zunehmend peinlich erachtet und vermieden. Gesamtgesellschaftlich relevant sind diese Entwicklungen laut Elias aufgrund der Tatsache, dass der Adel als Oberschicht bezüglich des Verhaltens als Vorreiter galt und sich diese Veränderungen im Laufe der Zeit auch in den Menschen der niederen Schichten manifestierten (vgl. ebd.: 247f.). Das ist insofern beachtlich, als dass hier der Adel als „Motor des gesellschaftlichen Wandels" (Treibel 2008: 52) im Mittelpunkt steht, da dieser sonst eher als „starr und konservativ" (ebd.) sowie den Fortschritt behindernd interpretiert wird (vgl. ebd.).

Das erste Kapitel des Werkes beginnt mit einer Untersuchung des Begriffes *Zivilisation* selbst. Elias konstatiert, dass dieser „das Selbstbewußtsein des Abendlandes" (Elias 1997b: 89) bzw. „das Nationalbewußtsein" (ebd.) repräsentiert:

> Durch ihn sucht die abendländische Gesellschaft zu charakterisieren, was ihre Eigenart ausmacht, und worauf sie stolz ist: den Stand ihrer Technik, die Art ihrer Manieren, die Entwicklung ihrer wissenschaftlichen Erkenntnis oder ihrer Weltanschauung und vieles andere mehr. (ebd.: 89f.)

Im nächsten Schritt macht Elias die Beobachtung, dass Zivilisation aber nicht allen Nationen das gleiche bedeutet (vgl. ebd.: 90). In weiterführenden Überlegungen dazu stellt Elias vorrangig den englischen und französischen Zivilisationsbegriff gegen den deutschen Kulturbegriff. Während Zivilisation einen Prozess darstelle, bei dem ständig etwas in Bewegung sei, bezieht sich Kultur laut Elias gegensätzlich auf Produkte, die einerseits gefertigt und gefestigt seien sowie dadurch den jeweiligen Volksgeist verkörperten (vgl. ebd.). In der Konsequenz bedeutet das: „Der Begriff »Kultur« grenzt ab" (ebd.: 91, Herv. i. O.) und „hebt die nationalen Unterschiede, die Eigenart der Gruppen, besonders hervor" (ebd.: 92). Als Zwischenfazit lässt sich derweil einflechten, dass etwaige Betrachtungen zum Verhältnis der Begriffe Kultur und Natur bis dato für Elias keine Rolle spielen, da sie für die Bestimmung des Gegensatzpaars Kultur/Zivilisation zunächst unwichtig sind. Dieser erste Eindruck setzt sich im Folgenden fort, indem Elias die geschichtliche Entwicklung des deutschen Kulturbegriffes nachzieht und bezüglich der „Dichter und Denker" (ebd.: 105) der Aufklärung zum Schluss gelangt: „von ihr erhielten Begriffe wie »Bildung« und »Kultur« ihre spezifisch deutsche Prägung und Richtung" (ebd., Herv. i. O.). Wie im weiteren

Verlauf der Ausarbeitung jedoch gezeigt wird, lässt sich diese Art der prozesshaften und geschichtlichen Rekonstruktion von Begriffen als konstitutiv für das Denken Elias' bezeichnen (vgl. Treibel 2008: 21f.). Im zweiten Band von ÜdPdZ wiederum nimmt Elias im Zusammenhang mit der Frage nach der adäquaten Beschreibung der Entwicklung der Staaten im Mittelalter an, dass der „Gebrauch von Bildern aus dem Bereich der Natur oder der Technik [..] unvermeidlich [ist]" (Elias 1997c: 48), solange die Sprache dafür noch keinen „eigenen, klaren und gesonderten Wortschatz" (ebd.) aufweisen könne. Zum einen lässt sich hier eine Natur finden, die nach Elias „wirklich" (ebd.: 105) ist und den Menschen Zwänge unterwirft, wohingegen die Zwänge der gesellschaftlichen Prozesse aus Ermangelung an sprachlichen Alternativen missverständlich mit diesen gleichgesetzt würden (vgl. ebd.). Zum anderen ist hier erkennbar, wie Elias auf die Prozesshaftigkeit der verwendeten Konzepte verweist, diese zu diesem Zeitpunkt indessen nur rudimentär und nicht stringent ausgearbeitet beschreiben kann. Dennoch lässt sich in Bezug auf die ausgehende Fragestellung festhalten, dass hier, aufgrund Elias' Biographie nicht verwunderlich, eine Verortung im Natur/Kultur-Diskurs in der Tradition Karl Mannheims, welcher die Trennung von Natur und Kultur als geschichtlich und so menschengemacht, also kontingent, auffasst, vorzufinden ist (vgl. Schützeichel 2017: 5). Um dieses erste positive Ergebnis überprüfen zu können, werden in Kapitel 4 weitere Abhandlungen von Elias in die Betrachtung miteinbezogen.

3.2. Rezeption & Kritik

Auch wenn, wie bereits in der Einleitung angemerkt, ÜdPdZ eine wichtige Arbeit der Soziologie überhaupt darstellt und unterdessen paradigmatisch für die Prozesssoziologie ist, findet die Zivilisationstheorie nach wie vor nicht überall Anhänger. Die teils harsche Kritik, der sich Elias' insgesamt 836 Seiten (Korte 2013: 14) umfassendes Werk ausgesetzt sah, betraf vornehmlich seine Methodologie und seine Verwendung des Begriffes Zivilisation bzw. die Beschreibung des Zivilisationsprozesses und ist somit nicht per se für die vorliegende Thematik von Bedeutung relevant (vgl. Dinges 1998; Duindam 1998; Treibel 2008: 50). In diesem Zusammenhang jedoch unerlässlich zu erwähnen ist Hans Peter Duerr, der auf knapp 3500 Seiten, verteilt auf fünf Bände, den Versuch unternahm, Elias' Zivilisationstheorie zu widerlegen (vgl. Duerr 1988). Als sogenannte Elias-Duerr-Kontroverse ging diese Auseinandersetzung in die Wissenschaftsgeschichte ein (vgl. Hinz 2002: 9). Für den Rahmen der vorliegenden

Aufgabenstellung seien diese Ausführungen aufgrund der Fülle und Komplexität jedoch zunächst als nicht relevant erachtet.

4. Weitere Anhaltspunkte in Elias' Gesamtwerk

Im Jahr 1982 erschien Elias' Essay mit dem Titel „Über die Einsamkeit der Sterbenden in unseren Tagen". Das bis dato gezeichnete Bild der Prozesshaftigkeit menschlichen Lebens setzt sich in dem Werk, wenngleich mit anderem Schwerpunkt, fort: „Der Begriff eines gesetzmäßigen Naturablaufs ist selbst charakteristisch für eine bestimmte Stufe der Wissens- und der Gesellschaftsentwicklung" (Elias 1982: 73). Elias konstatiert weiterhin, dass sich die Menschen in „entwickelteren Gesellschaften" (ebd.) aufgrund der Sicherheit spendenden Wissenschaften nicht mehr der „unerschütterliche[n] Regelmäßigkeit der Naturabläufe" (ebd.) bewusst wären, die vor allem in der *Sicherheit* des eigenen eintretenden Todes besteht. Laut Elias wird der Gedanke an „die Unerbittlichkeit der Naturabläufe […] durch den ihrer Kontrollierbarkeit gemildert" (ebd.). Was sich bezogen auf die Aufgabenstellung der Ausarbeitung in diesem Essay beobachten lässt, ist weniger eine Diskussion von Natur/Kultur als präziser ausgedrückt ein Fokus auf das Gegensatzpaar Natur/Wissen. Der Gegenstand einer weiterführenden Untersuchung könnte sein, ob Elias' Begriff von Wissen sich eher mit Zivilisation oder eher mit Kultur gleichsetzen lässt. Für die vorliegende Ausarbeitung sei lediglich die Beobachtung, dass für die Gleichsetzung von Wissen mit Zivilisation beispielsweise spricht, dass Elias beides mit einer bestimmten „Stufe der […]Entwicklung" (ebd.) beschreibt, als zweckdienlich und genügend anzusehen. Ferner argumentiert Elias in der Hinsicht, dass beispielsweise medizinische Fortschritte bezogen auf die Verlängerung des Lebens dafür sorgen, dass die Gesetze der Natur in diesem Fall außer Kraft gesetzt werden und sich Mensch infolgedessen hierarchisch gesehen oberhalb der Natur einordnen lässt (vgl. ebd.: 74), wodurch sich in dieser Hinsicht eine Asymmetrisierung in der Kategorisierung Natur/Mensch ergibt (vgl. Schützeichel 2017: 7).

Elias' passend betitelter und für die Aufgabenstellung entsprechend Aufmerksamkeit verdienender Aufsatz „Über die Natur" ist zum ersten Mal im Jahr 1986[2] erschienen und damit eher spät in seinem Leben. Dies macht sich unter anderem darin bemerkbar, dass

---

[2] *Merkur 448*, S. 469-481: https://volltext.merkur-zeitschrift.de/article/mr_1986_06_0469-0481_0469_01?cart=1 (Zugriff: 14.12.2019)

Elias' Ausführungen dominant auf seine Konzepte der Symboltheorie (vgl. Elias 1997a) sowie des Begriffspaares Engagement/Distanzierung (vgl. Elias 1987) rekurrieren, die er im Laufe der vorangegangen Jahrzehnte ausgestaltete. Außerdem liegt die Vermutung nahe, dass seine hier sichtbare Positionierung im Natur/Kultur-Diskurs als seine annährend finale anzusehen ist. Insbesondere da die im weiteren Verlauf noch zu diskutierende Symboltheorie hier ihre Anwendung findet, indem Elias den Natur-Begriff und seine Bedeutung von allen Seiten beleuchtet, um so seine herkömmliche Verwendung zu dekonstruieren und dafür zu sensibilisieren. Wie angesichts der bereits dargelegten Ausführungen zu erwarten ist, beschreibt Elias zunächst die historische Entwicklung des Begriffes, um begreifbar zu machen, wie Natur zu seiner Bedeutung gelangt ist, dass in Gesellschaften mit „realitätsgerechte[m] Wissen" (Elias 2010: 2) trotz Urgewalten wie Unwettern oder Erdbeben, Natur „im großen und ganzen nur in ihrer domestizierten Form, durch menschliche Kontrolle gezähmt und umgestaltet" (ebd.) wahrgenommen wird. Elias bringt dies mit den Säkularisierungsschüben und dem Aufstieg der Naturwissenschaften in den letzten 500 Jahren in Verbindung (vgl. ebd.: 3). Die Beobachtung einer Gegenüberstellung der Begriffe Natur/Wissen wird hier ebenso deutlich. Laut Elias beinhaltet der Begriff Natur weiterhin eine Doppelfunktion: während einerseits die Repräsentanz durch die regelhaften Naturwissenschaften das „oberste Symbol für die Einheit der Ordnung" (ebd.) und somit Distanz repräsentiert, liefert die Natur andererseits „eine Antwort auf ganz persönliche Wünsche und Bedürfnisse der Menschen", was somit Engagement und Nähe repräsentiert. Diese Doppelfunktion lässt sich laut Elias bis in die griechische Antike zurückverfolgen und hält bis heute stand (ebd.: 4). Als zeitgenössische Diagnose liefert Elias die Beobachtung, dass der „Begriff der»Natur« mit einem entschieden höheren Wert zu verbinden als Begriffe, die sich auf die Menschenwelt beziehen, wie etwa»Gesellschaft« oder»Kultur«." (ebd.: 7, Herv. i. O.), was durch die fälschliche Reduktion eines Prozesses auf ein statisches Ergebnis zurückzuführen sei (ebd.). Wenn ferner Menschen bei sich zuhause im Garten zahlreiche Blumen verschiedenster Sorten anpflanzen und an ihnen die Schönheit der Natur bewundern, „ist [es] zugleich das Werk von Menschen, ist die durch menschliche Erfindungskraft gezähmte und transformierte »Natur«, also mit einem Wort die Kultur der Natur" (ebd.: 8) beziehungsweise „eine selektiv von Menschen kultivierte und zivilisierte Natur" (ebd.). Die Adjektive „kultiviert" und „zivilisiert" sind im Sinne Elias' wohl so zu deuten, dass diese menschengemachte Natur einerseits, wie eingangs in ÜdPdZ dargelegt, fertige Produkte wie bspw. einen bepflanzten Blumentopf beschreibt,

7

und andererseits einen Prozess der Wissens- und Gesellschaftsentwicklung, der es ermöglicht, das Wissen, u.a. wie man solch einen Blumentopf anlegt, damit er blühen kann, entwickelt sowie das Bedürfnis, das es als schick oder „zivilisiert" gilt, solch einen Blumentopf in den eigenen Garten zu stellen, was sich wiederum im jeweiligen persönlichen Bedürfnis danach äußert. Elias' Anliegen ist das Hervorheben der Tatsache, dass dieses Bedürfnis nicht zufällig vorliegt, sondern Resultat und Ausdruck eines langwierigen und konfusen Prozesses ist. Ebenfalls in Bezug auf ÜdPdZ lässt sich festhalten, dass die Wahrnehmung der Trennung von Natur/Kultur oder Natur/Wissen als kontingenter Sachverhalt nach wie vor konstitutiv für Elias' Analysen sind.

Das für die vorliegende Ausarbeitung prädestinierte aber auch abschließende Werk von Elias' stellt seine Symboltheorie dar, welche erstmals 1991, also kurz nach seinem Tod, in englischer Sprache veröffentlicht wurde (Kilminster/Elias). Elias schreibt über seinen Versuch, verschiedene wissenschaftstheoretische Überlegungen sowie Erkenntnisse der Biologie, Psychologie, Linguistik und Soziologie zu synthetisieren:

> „In my own view it represents a great advance compared with traditional representations such as abstraction or generalization. Moreover, it helps to unify theories of what are usually classified as separate and even as independent areas of the human existence such as language, knowledge and thought" (ebd.: 76).

Eines der Anliegen Elias' in diesem Werk besteht darin, Sozialwissenschaftler*innen dafür zu sensibilisieren, althergebrachte Dichotomien wie Natur/Kultur, Körper/Geist oder Subjekt/Objekt zu hinterfragen (vgl. ebd.: 5ff.) und sich der Prozesshaftigkeit dieser Begebenheiten und Entwicklungen, einem fortwährend wiederkehrendem Thema sowohl bei Elias als dementsprechend auch in dieser Ausarbeitung, bewusst zu werden: „The traditional picture of human beings is dominated by the tendency to reduce processes to antithetic stationary conditions" (ebd.: 44). Die Aufteilung der Welt in solche Antithesen bezeichnet Elias als möglicherweise defizitär, da sie wohl in den meisten Fällen die Realität nicht sachgerecht beschreiben könnten, was jedoch im Einzelfall spezifisch und sorgfältig untersucht werden müsse und bis dato noch nicht geschehen sei (ebd.). Als Beispiel hierfür dient Elias nun die Antithese „nature-culture":

> „Both terms lack precision. One may not yet be able to say what has to be said without them. For they represent a synthesis on a very high level and such concepts are difficult to handle. Many of them are representations not of facts, but of speculations about facts or of mixtures of facts and fantasy." (ebd.).

Diese Aussagen erinnern stark an Elias' Ausführungen anno 1939 im zweiten Band von ÜdPdZ (s. 3.1), in denen er der Sprache Mangelhaftigkeit bezüglich der Präzision bescheinigt. Daraus lässt sich folgern, dass rund 50 Jahre später und kurz vor seinem eigenen Tod, der Zivilisationsprozess der Sprache nicht fortgeschritten genug war, um Elias' Ansprüchen gerecht zu werden, das Verhältnis von Natur und Kultur sachgerecht auszudrücken. Ob dieser Fall jemals eintreten wird, ist trivialerweise nicht mit Bestimmtheit zu sagen und lässt so obendrein eine abschließende Beurteilung der Zivilisationstheorie in der unbestimmten Zukunft stehen. Die weiterführenden Ausführungen zur Natur-Kultur-Antithese in der Symboltheorie sind indes als weitgehendend deckungsgleich zu denen in „Über die Natur" zu bezeichnen und bedürfen daher keiner erneuten Wiedergabe. Bemerkenswerterweise ist mit Elias' Ausruf zur Sensibilisierung bezüglich Dichotomien ein abschließender Bogen zu der ausgehenden Fragestellung erkennbar. Auch wenn Elias erstmalig im Rahmen der Symboltheorie explizit die Begriffe Natur/Kultur gegenüberstellt und deren Bedeutung in Frage stellt, zeugt Elias' restlicher wissenschaftlicher Korpus diesbezüglich stets von einem gewissen Grad an Reflektivität, da die Prozesshaftigkeit des menschlichen Lebens konstitutiv für sein Denken und unablässig präsent war. Auf die eingangs gestellte Frage lässt sich daher antworten, dass sich Elias' Position im Natur/Kultur-Diskurs im Laufe der Zeit zwar nicht wesentlich geändert hat, obgleich sich festhalten lässt, dass die Schärfe und Präzision der verwendeten Begriffe wie Prozesse, Figurationen und Symbole zugenommen hat (vgl. Treibel 2008: 17ff.).

5. Fazit und Aussicht

Selbst anhand dieser nicht ansatzweise erschöpfenden Auswahl an Literaturbeispielen sollte einerseits deutlich geworden sein, dass Norbert Elias' Gesamtwerk exemplarisch dafür steht, wie sich Begriffe, Konzepte und Definitionen im Laufe des Lebens eines Sozialwissenschaftlers entwickeln, anpassen und verändern können. Nicht umsonst trägt Hermann Kortes (2013) Biografie von Norbert Elias den Untertitel „Über das Werden eines Menschenwissenschaftlers". Ferner sollte sichtbar gewesen sein, wie unter anderem die Reflexion über die Prozesshaftigkeit menschlichen Zusammenlebens Zeit seines Lebens typisch für Elias' Analysen und Beobachtungen war. Andererseits ließ sich so zeigen, wie Elias' Positionierung im Spannungsfeld Natur/Kultur stets von einem gewissen Maß an Reflektiertheit geprägt war, da ihm bewusst war, dass eine etwaige Unterscheidung beider Begriffe kontingent und menschengemacht ist.

In Kapitel 3.2. wurde darauf verwiesen, dass die Kritik bezüglich Elias' Ausführungen zum Zivilisationsbegriff nicht übermäßig relevant sei. In einem weiterführenden Schritt ließe sich jedoch untersuchen, wie jene Kritik begründet wird und so möglicherweise Rückschlusse darauf zulässt, inwiefern Elias als einzelner Teil des Zivilisationsprozesses, seiner Beobachtung, dass „wir tendenziell blind für die tatsächliche gesellschaftliche Dynamik sind" (Treibel 2008: 38), ebenfalls nicht gänzlich entkommen konnte. Wenn man die Begriffe Natur-Kultur-Zivilisation auf einer Ebene nebeneinander angeordnet betrachtet, haben Ansichten zu einem dieser Begriffe unabdingbar Auswirkungen auf die jeweils anderen beiden. Ein entsprechender Ansatzpunkt für die Reflexion der Ergebnisse dieser kurzen Arbeit in jener Hinsicht stellt zweifelsohne der Streit von Elias und Hans Peter Duerr dar (vgl. Hinz 2002). Nimmt man außerdem, wie in Kapitel 4 angemerkt, den Begriff Wissen mit in die Betrachtung, könnte das Ergebnis umso fruchtreicher und interessanter werden. Da Elias' Werk bis heute nicht vollständig veröffentlicht wurde (vgl. Treibel et al. 2000: 10), sind diesbezüglich in Zukunft obendrein neue Antworten und Perspektiven zu erwarten.

Die in dieser Arbeit gewählte Analyseperspektive kann zweifelsohne beliebig auf das Schaffen anderer Sozialwissenschaftler*innen ausweiten lässt, sodass sich bei entsprechendem Arbeitseifer womöglich eine eigene Systematik aufstellen ließe, die sich mit dem Verhältnis von Natur und Kultur in den jeweiligen Werken beschäftigt. Die Legitimität dieses Vorhabens ergibt sich aufgrund der Tatsache, dass sich weder bisher und wohl auch nie eine zufriedenstellende einheitliche Definition des Kulturbegriffes finden lassen wird und das Verhältnis dieses zum ebenfalls kontingenten Naturbegriff so stets Gegenstand etwaiger Aushandlungsprozesse sein wird. Im Spannungsfeld von Klimawandel, Naturschutz und Nachhaltigkeit ist die Frage nach der jeweiligen Gewichtung und Aushandlung zugleich aktueller denn je (vgl. Treibel 2008: 44), oder um es mit den Worten von Elias selbst abzuschließen:

> Von allen Manifestationen der Natur besitzen lediglich die Menschen die Fähigkeit, den ziellosen Fortgang des Naturgeschehens so zu beeinflussen, dass er für sie selbst erfreulicher und nutzbringender wird. Sie können auch das Gegenteil tun; sie können Naturereignisse in eine Richtung steuern, die zu Massenvernichtung und großem Leid für Menschen führt. (Elias 2010: 5).

6. Literaturverzeichnis

Apel, Max (2019): *Philosophisches Wörterbuch* (3. Aufl.). Berlin/Boston: De Gruyter.

Dinges, Martin (1998): 'Formenwandel der Gewalt in der Neuzeit. Zur Kritik der Zivilisationstheorie von Norbert Elias'. In: Rolf Peter Sieferle & Helga Breuninger (Hrsg.), *Kulturen der Gewalt. Ritualisierung und Symbolisierung von Gewalt in der Geschichte.* Frankfurt: Campus-Verlag, S. 171–194.

Duerr, Hans Peter (1988): *Der Mythos vom Zivilisationsprozeß* (3. Aufl.). Frankfurt am Main: Suhrkamp.

Duindam, Jeroen (1998): 'Norbert Elias und der frühneuzeitliche Hof'. *Historische Anthropologie 6: 3, S.* 370–387 [Online unter http://doi.org/10.7788/ha.1998.6.3.370].

Elias, Norbert (1982): *Über die Einsamkeit der Sterbenden in unseren Tagen.* Frankfurt am Main: Suhrkamp.

Elias, Norbert (1987): *Engagement und Distanzierung* (1. Aufl.). Frankfurt am Main: Suhrkamp.

Elias, Norbert (1997a): *Symboltheorie* (1. Aufl.). Frankfurt am Main: Suhrkamp.

Elias, Norbert (1997b): *Über den Prozeß der Zivilisation. Soziogenetische und psychogenetische Untersuchungen. Erster Band. Wandlungen des Verhaltens in den weltlichen Oberschichten des Abendlandes* (1. Aufl.). Frankfurt am Main: Suhrkamp.

Elias, Norbert (1997c): *Über den Prozess der Zivilisation. Zweiter Band. Wandlungen der Gesellschaft. Entwurf zu einer Theorie der Zivilisation.* (1. Aufl.). Frankfurt am Main: Suhrkamp.

Elias, Norbert (2010): *Über die Natur* [Online unter http://www.feliz.de/Norbert_Elias--Ueber_die_Natur.pdf, Zugriff: 29. November 2019].

Hauser-Schäublin, Brigitta (2001): 'Von Der Natur Und Der Kultur in Der Natur. Eine Kritische Reflexion Dieses Begriffspaars'. In: Rolf Wilhelm Brednich; Annette Schneider & Ute Werner (Hrsg.), *Natur - Kultur. Volkskundliche Perspektiven Auf Mensch Und Umwelt.* Münster: Waxmann.

Hinz, Michael (2002): *Der Zivilisationsprozess: Mythos oder Realität? Wissenschaftssoziologische Untersuchungen zur Elias-Duerr-Kontroverse.* Opladen: Leske + Budrich.

Jäkel, Frank & Meyer, Uwe (2013): 'Kategorisierung und Begriffe'. In: Achim Stephan & Sven Walter (Hrsg.), *Handbuch Kognitionswissenschaft.* Stuttgart, Weimar: Verlag J.B. Metzler, S. 308–317.

Kilminster, Richard & Elias, Norbert (Hrsg. 1991): *The Symbol Theory.* London: Sage.

Korte, Hermann (Hrsg. 2013): *Über Norbert Elias. Das Werden eines Menschenwissenschaftlers* (3. Aufl.). Wiesbaden: Springer Fachmedien.

11

Schützeichel, Rainer (2017): 'Natur und Kultur'. In: Stephan Moebius; Frithjof Nungesser & Katharina Scherke (Hrsg.), *Handbuch Kultursoziologie*. Wiesbaden: Springer Fachmedien, S. 1–16.

Treibel, Annette (2008): *Die Soziologie von Norbert Elias. Eine Einführung in ihre Geschichte, Systematik und Perspektiven* (1. Aufl.). Wiesbaden: VS Verlag für Sozialwissenschaften.

Treibel, Annette; Kuzmics, Helmut & Blomert, Reinhard (Hrsg. 2000): *Zivilisationstheorie in der Bilanz. Beiträge zum 100. Geburtstag von Norbert Elias*. Wiesbaden: VS Verlag für Sozialwissenschaften.

BEI GRIN MACHT SICH IHR WISSEN BEZAHLT

- Wir veröffentlichen Ihre Hausarbeit, Bachelor- und Masterarbeit

- Ihr eigenes eBook und Buch - weltweit in allen wichtigen Shops

- Verdienen Sie an jedem Verkauf

Jetzt bei www.GRIN.com hochladen und kostenlos publizieren